Cahier du jour
Cahier du soir

Méthode syllabique
Dès 5 ans

J'apprends à lire en écrivant

Auteur
Catherine Nicolas
Professeur des écoles

Illustrations
Ariane Delrieu

Ton prénom

....

MAGNARD

Comment utiliser cette méthode de lecture ?

- Il est important de **bien suivre l'ordre des leçons** : l'enfant doit s'approprier des sons qui seront réutilisés au fur et à mesure qu'il avance dans son apprentissage. Après la découverte des voyelles, il rencontrera une lettre et le son qui lui est associé : la méthode est principalement **syllabique** puisqu'il s'agit de combiner les sons pour en obtenir un nouveau (m + a = ma).

- L'enfant est amené à **écrire** et à **lire** pour une plus grande efficacité : il est reconnu que l'apprentissage de l'écriture renforce l'apprentissage de la lecture en mettant en œuvre la **« mémoire de la main »**.

- Des pages de **révisions** ponctuent l'ouvrage : elles seront l'occasion pour l'enfant de rencontrer **différents types d'écrits** (une recette, une carte postale, une bande dessinée…). Il est important de lui faire remarquer que chaque écrit a une fonction particulière et qu'il les rencontre dans sa vie de tous les jours !

- N'allez pas trop vite, n'hésitez pas à revenir sur une leçon si l'enfant n'est pas sûr de lui. Pour lui **donner confiance**, vous pouvez commencer chaque séance par la relecture du texte travaillé précédemment.

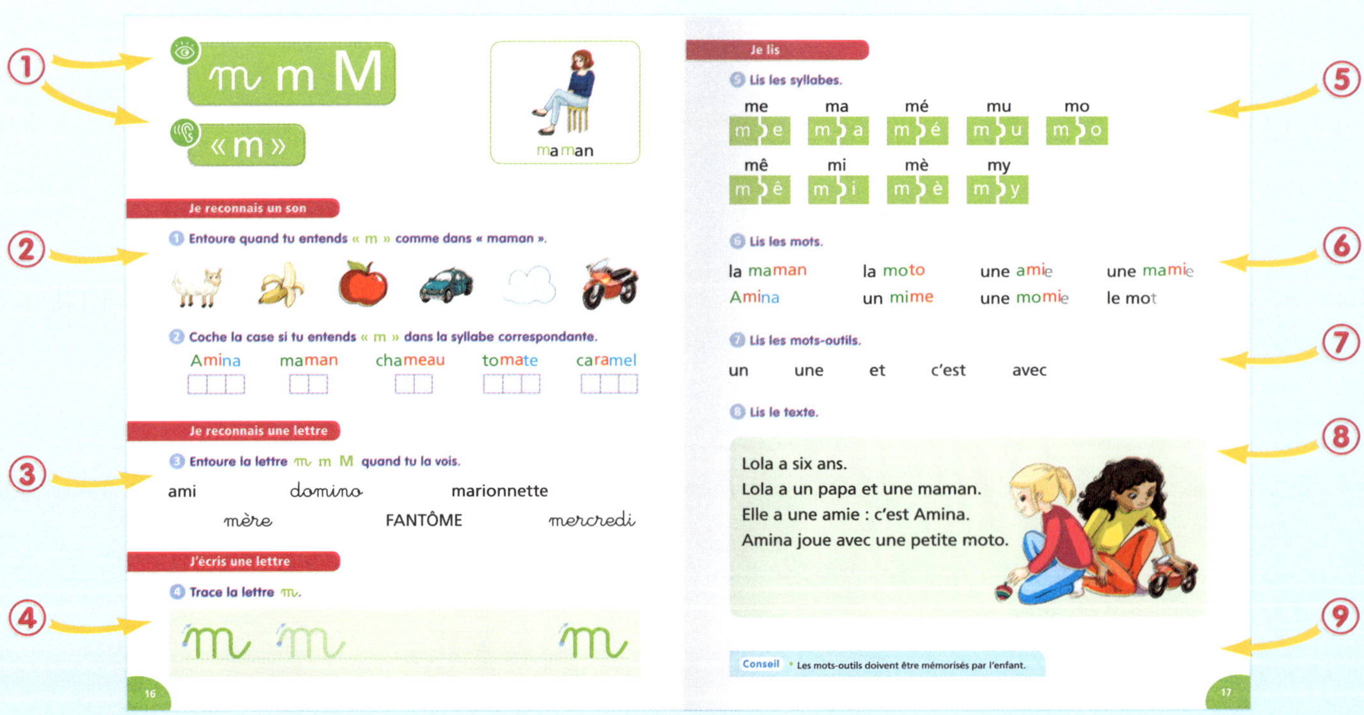

Exemple de déroulement d'une leçon

① Pictos « Je vois » et « J'entends »

Pensez à bien différencier le nom de la lettre et le son qu'elle produit (je vois M, j'entends mmm). Faites remarquer à l'enfant les deux écritures des lettres : il se familiarisera avec l'écriture scripte et l'écriture cursive (écriture attachée).

② Je reconnais un son

Aidez l'enfant s'il n'identifie pas le dessin, laissez-le répéter plusieurs fois le mot afin de repérer le son étudié.

③ Je reconnais une lettre

L'enfant repère seul les lettres dans les différentes écritures ; lisez-lui ensuite les mots en l'aidant à faire le lien entre la lettre et le son.

④ J'écris une lettre

Le modèle apparaît à gauche et à droite afin de permettre aux droitiers et aux gauchers de bien le voir.

Il est important de suivre le sens des flèches pour tracer correctement, de préférence au crayon à papier. L'enfant commence par repasser avant d'écrire seul.

⑤ Lis les syllabes

Lisez lentement les syllabes et demandez à l'enfant de répéter après vous.

⑥ Lis les mots

Lisez les mots et demandez à l'enfant de lire à son tour. Les syllabes sont mises en évidence avec les couleurs pour faciliter la lecture. (Les lettres muettes apparaissent en gris.)

⑦ Lis les mots-outils

Les mots-outils doivent être mémorisés au fur et à mesure des leçons.

⑧ Lis le texte

Il est important de rendre la lecture motivante pour l'enfant : il retrouvera avec plaisir les aventures de Lucas et Lola !

⑨ Conseils

Des conseils figurent en bas de chaque page et vous permettent de guider au mieux l'enfant dans son apprentissage.

Sommaire

ɑ a A

« a »

arbre

Je reconnais un son

1 Colorie quand tu entends « a » comme dans « arbre ».

  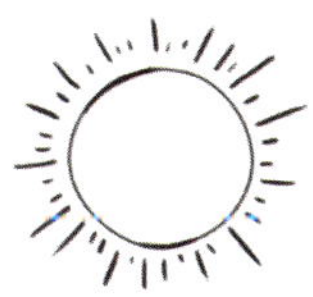   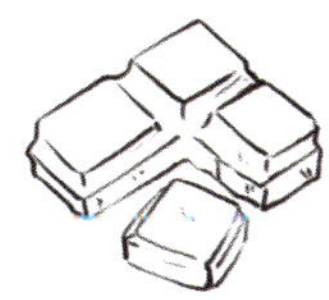

2 Coche la case si tu entends « a » dans la syllabe correspondante.

Amina ☐☐☐ Lola ☐☐ chocolat ☐☐☐ cartable ☐☐☐ arbre ☐☐

Je reconnais une lettre

3 Entoure la lettre ɑ a A quand tu la vois.

Lucas Amina CHAT tomate

papa LOLA camion

J'écris une lettre

4 Trace la lettre ɑ.

ɑ ɑ ɑ

o o O

« o »

Je reconnais un son

1 Barre l'intrus dans lequel tu n'entends pas « o » comme dans « Lola ».

2 Coche la case si tu entends « o » dans la syllabe correspondante.

chocolat ☐☐☐ Lola ☐☐ orange ☐☐☐ coquelicot ☐☐☐☐ vélo ☐☐

Je reconnais une lettre

3 Entoure la lettre o o O quand tu la vois.

kimono LOLA chocolat

pédalo domino ESCARGOT

J'écris une lettre

4 Trace la lettre o.

i i l

« i »

y y Y

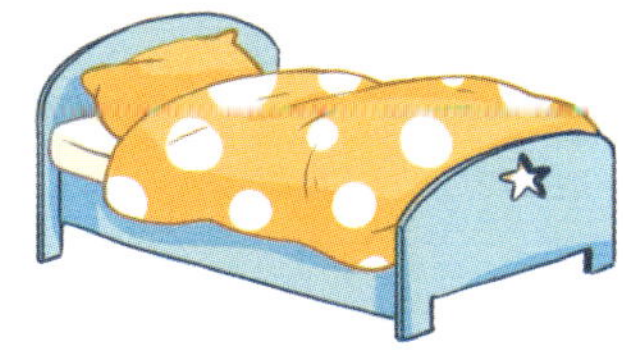

lit

Je reconnais un son

1 Colorie quand tu entends « i » comme dans « lit ».

2 Entoure le mot si tu entends « i » deux fois.

Amina kiwi gymnastique livre piscine mandarine

Je reconnais des lettres

3 Entoure les lettres i i I et y y Y quand tu les vois.

PAPY pirate ouistiti

gymnastique Amina VALISE

J'écris une lettre

4 Trace la lettre i.

i i i

u u U

« u »

Lucas

Je reconnais un son

1 Barre l'intrus dans lequel tu n'entends pas « u » comme dans « Lucas ».

2 Coche la case si tu entends « u » dans la syllabe correspondante.

peinture ☐☐☐ jupe ☐☐ confiture ☐☐☐☐ puceron ☐☐☐ minuscule ☐☐☐☐

Je reconnais une lettre

3 Entoure la lettre *u* u U quand tu la vois.

tortue LUCAS LUGE *ruban*

flûte SUCRE lune

J'écris une lettre

4 Trace la lettre *u*.

u *u* *u*

e e E

« e »

cheval

Je reconnais un son

1 **Colorie quand tu entends « e » comme dans « cheval ».**

2 **Coche la case si tu entends « e » dans la syllabe correspondante.**

pansement	genou	livre	renardeau	petit
☐☐☐	☐☐	☐☐	☐☐☐	☐☐

Je reconnais une lettre

3 **Entoure la lettre e e E quand tu la vois.**

garage   ville   renard

GENOU   demande   LEÇON

J'écris une lettre

4 **Trace la lettre e.**

e e e

é é É

« é »

étoile

Je reconnais un son

1 Barre l'intrus dans lequel tu n'entends pas « é » comme dans « étoile ».

2 Entoure le mot si tu entends « é » deux fois.

écureuil éléphant cheminée télévision récréation

Je reconnais une lettre

3 Entoure la lettre é é É quand tu la vois.

canapé ÉLÉPHANT Théo

échelle récréation école

J'écris une lettre

4 Trace la lettre é sans oublier l'accent.

è è È ê ê Ê

« è »

guêpe

Je reconnais un son

1 **Colorie quand tu entends « è » comme dans « guêpe ».**

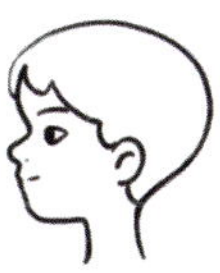     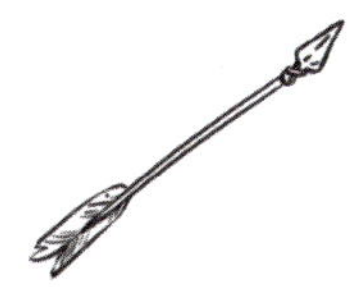

2 **Coche la case si tu entends « è » dans la syllabe correspondante.**

tête	grand-mère	vêtement	pêche	fidèle
☐☐	☐☐☐	☐☐☐	☐☐	☐☐☐

Je reconnais une lettre

3 **Entoure les lettres è è È et ê ê Ê quand tu les vois.**

TEMPÊTE fête têtu

embêté PÈRE manège

J'écris une lettre

4 **Trace la lettre è sans oublier l'accent.**

è è è

Révisions

1 Repère la lettre a dans les mots puis entoure celui qui correspond au dessin.

un loup

un lapin

un chien

un chat

le nuage

le soleil

2 Repère la lettre o dans les mots puis entoure celui qui correspond au dessin.

la pomme

la banane

une moto

une mamie

la ville

le vélo

3 Repère la lettre i dans les mots puis entoure celui qui correspond au dessin.

une coccinelle

un cochon

une orange

un crocodile

une dame

un domino

4 **Repère la lettre u dans les mots puis entoure celui qui correspond au dessin.**

une tortue

un trottoir

un lama

une lune

une jupe

un gilet

5 **Repère la lettre e dans les mots puis entoure celui qui correspond au dessin.**

un panda

un requin

des cheveux

des chaussons

un pantalon

une grenouille

6 **Repère la lettre é dans les mots puis entoure celui qui correspond au dessin.**

une poupée

un papa

un ananas

une araignée

une échelle

un garage

7 **Repère les lettres è et ê dans les mots puis entoure celui qui correspond au dessin.**

une pomme

une pêche

une guêpe

un gorille

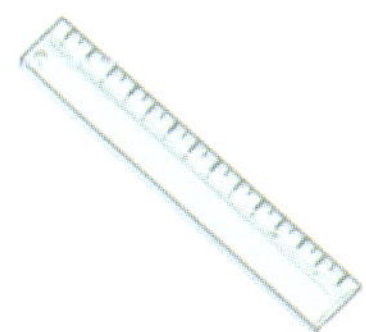

une règle

une route

m m M

« m »

maman

Je reconnais un son

1 Entoure quand tu entends « m » comme dans « maman ».

2 Coche la case si tu entends « m » dans la syllabe correspondante.

Amina	maman	chameau	tomate	caramel
☐☐☐	☐☐	☐☐	☐☐☐	☐☐☐

Je reconnais une lettre

3 Entoure la lettre m m M quand tu la vois.

ami domino marionnette

mère FANTÔME mercredi

J'écris une lettre

4 Trace la lettre m.

Je lis

5 Lis les syllabes.

me	ma	mé	mu	mo
m e	m a	m é	m u	m o
mê	mi	mè	my	
m ê	m i	m è	m y	

6 Lis les mots.

la maman	la moto	une amie	une mamie
Amina	un mime	une momie	le mot

7 Lis les mots-outils.

un une et c'est avec

8 Lis le texte.

Lola a six ans.
Lola a un papa et une maman.
Elle a une amie : c'est Amina.
Amina joue avec une petite moto.

Conseil • Les mots-outils doivent être mémorisés par l'enfant.

ℓ l L

« l »

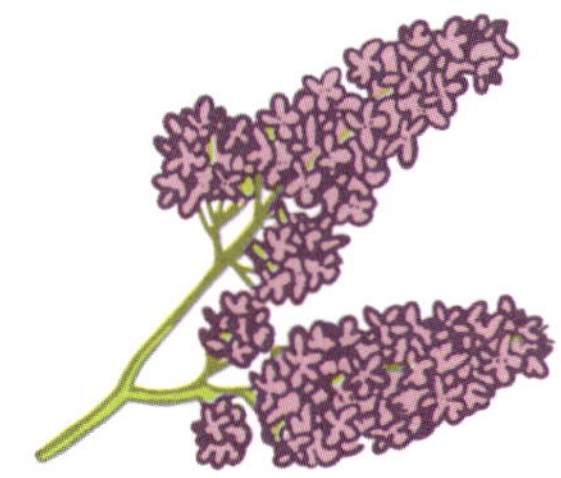

lilas

Je reconnais un son

1 Trouve deux mots dans lesquels tu entends « l » comme dans « lilas » et dessine-les.

2 Coche la case si tu entends « l » dans la syllabe correspondante.

école lutin limace salade caramel

Je reconnais une lettre

3 Entoure la lettre ℓ l L quand tu la vois.

Lola lune hirondelle

lion BELETTE vélo

J'écris une lettre

4 Trace la lettre ℓ.

ℓ ℓ ℓ

Je lis

5 Lis les syllabes.

la	li	lé	lo
l a	l i	l é	l o
lu	**le**	**lè**	**le**
l u	l e	l è	l e

6 Lis les mots.

le lit — Lola — une île — le lilas

il lit — une allée — lui — elle

7 Lis les mots-outils.

est — de — un — c'est — avec — sur

8 Lis le texte.

Lucas est le frère de Lola.
Il a un petit chat : c'est Patty.
Lucas joue à la balle avec lui sur le lit.

Conseil • Aider l'enfant à bien différencier *et* et *est*.

t t T

« t »

tutu

Je reconnais un son

1 Colorie le dessin quand tu entends « t » comme dans « tutu ».

  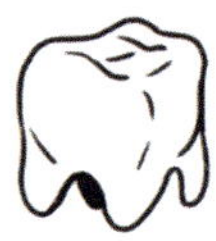   

2 Entoure le mot quand tu entends « t » deux fois.

tarte cartable ratatouille

tomate chaton tortue

Je reconnais une lettre

3 Entoure la lettre t t T quand tu la vois.

moto tête PÂTES

trottinette table voiture

J'écris une lettre

4 Trace la lettre t.

t t t

Je lis

5 Lis les syllabes.

tu	tè	ti	ta
t u	t è	t i	t a
te	to	tê	té
t e	t o	t ê	t é

6 Lis les mots.

le loto	un tas	la moto	le tutu
la tête	têtu	une tomate	la tata

7 Lis les mots-outils.

sur un es est par

8 Lis le texte.

Patty veut monter sur la petite moto.
« Tu ne peux pas ! Tu es un chat ! »
dit Lucas.
Patty est têtu. Il saute sur la moto.
Patatras ! Patty tombe par terre.

Conseil • Expliquer à l'enfant que certaines lettres finales ne se prononcent pas (le *t* à la fin de *veut*).

p p P

« p »

Patty

Je reconnais un son

1 **Barre l'intrus dans lequel tu n'entends pas « p » comme dans « Patty ».**

2 **Coche la case si tu entends « p » dans la syllabe correspondante.**

pantalon ☐☐☐ pompier ☐☐ tapis ☐☐ rapide ☐☐☐ poire ☐☐

Je reconnais une lettre

3 **Entoure la lettre p p P quand tu la vois.**

papa Patty poupée JUPE nappe guêpe

J'écris une lettre

4 **Trace la lettre p.**

Je lis

5 Lis les syllabes.

pu	pé	py	pa	pê
p u	p é	p y	p a	p ê
po	pe	pi	pè	
p o	p e	p i	p è	

6 Lis les mots.

le papa   papy   une pomme   ma patte   il tape

Patty   une pile   un pull   petite   un polo

7 Lis les mots-outils.

une   aux   avec   des   sur   puis

8 Lis le texte.

Lucas prépare une tarte aux pommes avec papa.
Papa pose des pommes sur la table.
Puis il met la pâtée de Patty par terre.
Patty tape sur papa avec sa patte.
Le petit chat ne veut pas de pâtée :
il veut du lait !

Conseil • Expliquer à l'enfant que *â* se prononce comme *a*.

r r R

« r »

Roméo

Je reconnais un son

1 **Trouve deux mots dans lesquels tu entends « r » comme dans « Roméo » et dessine-les.**

2 **Coche la case si tu entends « r » dans la syllabe correspondante.**

rapide — mare — père — garage — rhinocéros

Je reconnais une lettre

3 **Entoure la lettre r r R quand tu la vois.**

arrivée — mûre — Roméo — VOITURE — terre — radis

J'écris une lettre

4 **Trace la lettre r.**

Je lis

5 Lis les syllabes.

ra	rè	ri	re
r a	r è	r i	r e
ro	ru	rê	ré
r o	r u	r ê	r é

6 Lis les mots.

la mare   la mère   le père   il rit   il rame

Roméo   la terre   une mûre   un pirate

7 Lis les mots-outils.

avec   son   et   près   une   est   dans   ses

8 Lis le texte.

Lucas se promène avec son ami Roméo et sa mère.

Près d'une mare, il repère une sauterelle.

Roméo veut attraper la petite bête : raté !

La sauterelle est rapide. Elle saute dans la mare.

Lucas rit : « Maman, la sauterelle rame avec ses pattes ! »

Conseil • Expliquer que devant une consonne double, le e se prononce è (*la terre*).

n n N

« n »

nid

Je reconnais un son

1 Colorie quand tu entends « n » comme dans « nid ».

2 Coche la case si tu entends « n » dans la syllabe correspondante.

canari renard matinée navire banane

Je reconnais une lettre

3 Entoure la lettre n n N quand tu la vois.

Amina manège NARINE
Noël marionnette lune

J'écris une lettre

4 Trace la lettre n.

Je lis

5 Lis les syllabes.

ni	nè	na	ne	no	nu
n i	n è	n a	n e	n o	n u

6 Lis les mots.

le nez	ramené	le menu	puni
une minute	Amina	un âne	la nuit

7 Lis les mots-outils.

est dans et c'est avec son un pour sur

8 Lis le texte.

Papa est revenu d'Italie dans
la matinée.
Il a rapporté une marionnette
italienne à Lola et Lucas.
C'est Pinocchio avec son long nez !
La nuit est venue.
Lola prépare un petit lit pour
Pinocchio sur le canapé.

Conseil • Faire remarquer à l'enfant que la lettre *n* ne s'entend pas toujours : *long*.

c c C

« k »

cadeau

Je reconnais un son

1 Entoure quand tu entends « k » comme dans « cadeau ».

2 Coche la case si tu entends « k » dans la syllabe correspondante.

cuisine	décoré	colorier	canapé	école
☐☐☐	☐☐☐	☐☐☐	☐☐☐	☐☐☐

Je reconnais une lettre

3 Entoure la lettre c c C quand tu la vois.

Pinocchio canari CANTINE

Lucas OCCUPÉ canapé

J'écris une lettre

4 Trace la lettre c.

c c c

Je lis

5 Lis les syllabes.

ca	co	cu
c a	c o	c u

6 Lis les mots.

l'école	un collier	Lucas	collé
comme	une cane	du caramel	une copine
coloré	occupé	le canapé	une caméra

7 Lis les mots-outils.

est très un pour c'est en des sur

8 Lis le texte.

Lucas est à l'école.

Il est très occupé car il prépare un collier pour Amina.

Lucas a collé des papiers colorés sur les perles.

« Comme il est beau ! », s'exclame Lola.

« C'est un cadeau pour ma copine Amina », dit Lucas.

Conseil • Expliquer à l'enfant que la lettre *c* peut aussi se prononcer « s » (*citron*).

ou ou OU

« ou »

loup

Je reconnais un son

1 Trouve deux mots dans lesquels tu entends « ou » comme dans « loup » et dessine-les.

2 Coche la case si tu entends « ou » dans la syllabe correspondante.

bougie doudou moucheron hibou caoutchouc

Je reconnais des lettres

3 Entoure les lettres ou ou OU quand tu les vois.

OURS caoutchouc moulin MOUTON poussin route

J'écris des lettres

4 Trace les lettres ou.

ou ou ou

Je lis

5 Lis les syllabes.

pou	mou	lou	tou
p ou	m ou	l ou	t ou
rou	cou	nou	
r ou	c ou	n ou	

6 Lis les mots.

le doudou un loup une poule tout à coup doux

elle coule il roule la couette une nounou Marilou

7 Lis les mots-outils.

est chez son dans un c'est sur sous

8 Lis le texte.

Lola est invitée à dormir chez son amie Marilou.
Elle court partout dans la maison.
Elle ne trouve pas son doudou !
C'est un petit loup tout doux.
Une larme coule sur la joue de la petite fille.
Tout à coup, elle se souvient : il est resté
sous la couette !
Ouf ! Lola a retrouvé son doudou !

Conseil • Chercher avec votre enfant des animaux avec le son « ou » : *hibou, mouton, poule, ours, poussin…*

f F

« f »

fée

Je reconnais un son

1 Colorie quand tu entends « f » comme dans « fée ».

2 Coche la case si tu entends « f » dans la syllabe correspondante.

fête café confiture forêt défilé

Je reconnais une lettre

3 Entoure la lettre f f F quand tu la vois.

FILLE Fanny farine

affamé flamme ENFIN

J'écris une lettre

4 Trace la lettre f.

f f f

Je lis

5 Lis les syllabes.

fa	fé	fou	fe	fo
f a	f é	f ou	f e	f o
fi	fè	fu	fê	
f i	f è	f u	f ê	

6 Lis les mots.

la fête · la forêt · un défilé · une fée · la foule

la farine · une finale · du café · elle filme · fidèle

7 Lis les mots-outils.

aujourd'hui · c'est · des · est · en · autour

8 Lis le texte.

Aujourd'hui, c'est la fête à l'école.
Maman a une caméra. Elle filme le défilé des enfants.
Lola est fière : elle est une fée de la forêt.
Patty est fou de joie. Il y a une foule d'enfants autour de lui.
Ils veulent tous le caresser !

Conseil • Aider l'enfant à bien différencier les sons « v » et « f ».

Révisions

Lecture à deux voix

→ À toi de lire les mots en bleu ! (L'adulte lit le reste.)

Ce matin, Lola et Lucas ont décidé de préparer une tarte aux pommes. Lucas lit la recette :

Tarte aux pommes

Ingrédients :

200 grammes de farine
120 grammes de beurre
un peu de sel
de l'eau

2 œufs
6 pommes
du sucre
de la crème liquide

1. Verse la farine et le sel dans un saladier.
2. Coupe le beurre en petits morceaux.
3. Remue en versant l'eau.
4. Forme une boule de pâte.
5. Étale la pâte avec un rouleau.
6. Pèle les pommes.
7. Coupe les pommes en fines lamelles.
8. Étale la pâte dans un moule à tarte.
9. Verse les lamelles de pomme, les œufs battus, la crème et le sucre.
10. Mets la tarte au four pendant 30 minutes.

Activités de compréhension

1 Comment s'appelle le texte encadré de la page de gauche ? Entoure la bonne réponse.

un poème | une lettre | une recette

2 Colorie les ingrédients utiles pour faire la tarte aux pommes.

3 Relie les phrases et les dessins comme il convient.

Lucas coupe. | Lucas remue. | Lucas étale.

4 Dessine la tarte aux pommes que tu aimerais manger !

oi oi OI

« oi »

roi

Je reconnais un son

1 Entoure quand tu entends « oi » comme dans « roi ».

2 Coche la case si tu entends « oi » dans la syllabe correspondante.

oiseau ☐☐ histoire ☐☐☐ soirée ☐☐ armoire ☐☐☐ aboiement ☐☐☐

Je reconnais des lettres

3 Entoure les lettres oi oi OI quand tu les vois.

poireau voiture troisième

chamois moitié POIVRON

J'écris des lettres

4 Trace les lettres oi.

oi oi oi

Je lis

5 Lis les syllabes.

loi	foi	moi	poi
l oi	f oi	m oi	p oi
roi	toi	noi	coi
r oi	t oi	n oi	c oi

6 Lis les mots.

un roi	une fois	le toit	la voiture
la moitié	une poire	la foire	le mois

7 Lis les mots-outils.

était et dans comme

8 Lis le texte.

Papa lit une histoire à Lola et Lucas.
« Il était une fois un petit roi. Il vivait dans un bois.
Il mangeait des petits pois et buvait du jus
de poire... »
– Comme moi ! dit Lola.
– Tais-toi, dit Lucas. Écoute l'histoire…

Conseil • Faire repérer à l'enfant tous les « oi » dans le texte.

b b B

« b »

balle

Je reconnais un son

1 Barre l'intrus dans lequel tu n'entends pas « b » comme dans « balle ».

 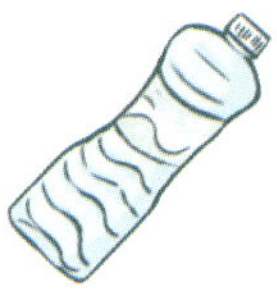    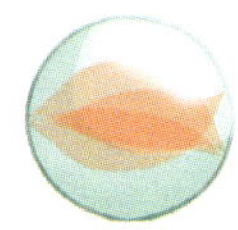

2 Entoure le mot si tu entends « b » deux fois.

bobine biberon débarrasse baleine bébé bateau

Je reconnais une lettre

3 Entoure la lettre b b B quand tu la vois.

bonhomme laboratoire rébus

CULBUTE baobab Basile

J'écris une lettre

4 Trace la lettre b.

Je lis

5 Lis les syllabes.

bé	bou	bu	bi	boi
b é	b ou	b u	b i	b oi
bê	ba	be	bo	bè
b ê	b a	b e	b o	b è

6 Lis les mots.

un bébé — une bulle — la barbe — une cabane

une botte — une boîte — il aboie — il a bu

7 Lis les mots-outils.

avec — des — au — bien

8 Lis le texte.

Lucas joue avec des bouts de bois.
Roméo arrive avec une balle.
« Tu joues au ballon, Lucas ?
– Non, je fais une cabane. Ne l'abîme pas avec le ballon.
– Bonne idée, dit Roméo. Je veux bien t'aider ! »

Conseil • Proposer à l'enfant de trouver d'autres mots avec le son « b ».

d d D

« d »

dé

Je reconnais un son

1 Colorie quand tu entends « d » comme dans « dé ».

2 Coche la case si tu entends « d » dans la syllabe correspondante.

malade	radeau	deviner	cadenas	limonade
☐☐☐	☐☐	☐☐☐	☐☐☐	☐☐☐☐

Je reconnais une lettre

3 Entoure la lettre d d D quand tu la vois.

dentiste débarras DOUDOU

diplodocus David double

J'écris une lettre

4 Trace la lettre d.

d d d

Je lis

5 Lis les syllabes.

dê	du	do	de	dou
d ê	d u	d o	d e	d ou
dè	di	da	doi	dé
d è	d i	d a	d oi	d é

6 Lis les mots.

un doudou — le domino — la date — une pédale

la dînette — la limonade — dodu — elle découpe

7 Lis les mots-outils.

est — dans — avec — des — ça — maintenant

8 Lis le texte.

Lola est dans la cabane avec Patty.
À midi, elle déballe sa dînette.
Lola découpe des dattes.
Patty adore ça !
La petite fille boit de la limonade.
« Maintenant, je dois débarrasser », dit-elle.

Conseil • Aider l'enfant à bien différencier les sons « b » et « d ».

ꜱ s S

« ss »

salade

Je reconnais un son

1 Colorie quand tu entends « ss » comme dans « salade ».

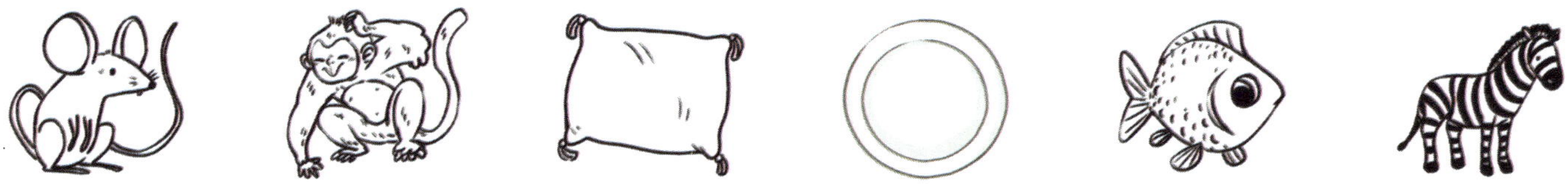

2 Coche la case si tu entends « ss » dans la syllabe correspondante.

salade	mensonge	ananas	danseuse	sucrerie
☐☐☐	☐☐☐	☐☐☐	☐☐☐	☐☐☐

Je reconnais une lettre

3 Entoure la lettre ꜱ s S quand tu la vois.

saucisson SARAH poisson

coussin parasol bassine

J'écris une lettre

4 Trace la lettre ꜱ.

Je lis

5 Lis les syllabes.

se	sa	sè	sou	sê
s e	s a	s è	s ou	s ê
si	soi	su	sé	so
s i	s oi	s u	s é	s o

6 Lis les mots.

la salade une souris sur du soda une bassine

la soupe solide lisse rousse il casse

7 Lis les mots-outils.

pour dans est trop aussitôt

8 Lis le texte.

Papa a préparé de la soupe pour le dîner.
Il la verse dans l'assiette de Lola.
« Elle est trop salée ! » dit la petite fille.
Lola voit Patty, assis sur un coussin.
Elle lui donne sa soupe.
Patty l'avale aussitôt !

Conseil • Expliquer que, parfois, on n'entend pas le son « ss » en fin de mot (*Lucas*).

ch ch CH

« ch »

chouette

Je reconnais un son

1 Trouve deux mots dans lesquels tu entends « ch » comme dans « chouette » et dessine-les.

2 Coche la case si tu entends « ch » dans la syllabe correspondante.

cheminée chaton cornichon dimanche cachalot

Je reconnais des lettres

3 Entoure les lettres ch ch CH quand tu les vois.

CHERCHE cochon SACHA déchirer couchette pêche

J'écris des lettres

4 Trace les lettres ch.

ch ch ch

Je lis

5 Lis les syllabes.

che	chou	ché	chi	cho
ch e	ch ou	ch é	ch i	ch o
chè	cha	choi	chu	chê
ch è	ch a	ch oi	ch u	ch ê

6 Lis les mots.

la cheminée le chat une chipolata il chuchote

le chocolat la niche il se cache chic !

7 Lis les mots-outils.

avec des c'est mon bien aussi les

8 Lis le texte.

Maman va à la boucherie.
Elle achète des chipolatas.
« Chic ! dit Lucas. Des chipolatas avec
des chips, c'est mon repas préféré !
– Moi, je préfère le chocolat ! », dit Lola.
Patty se lèche les babines. Il espère bien
manger une saucisse lui aussi !

Conseil • Indiquer que la lettre *h* toute seule ne s'entend pas (*hibou*).

v v V w w W

« v »

vélo

Je reconnais un son

1 Entoure quand tu entends « v » comme dans « vélo ».

2 Coche la case si tu entends « v » dans la syllabe correspondante.

voiture	avaler	valise	salive	envoler
☐☐☐	☐☐☐	☐☐☐	☐☐☐	☐☐☐

Je reconnais des lettres

3 Entoure les lettres v v V et w w W quand tu les vois.

WAGON arrivée VALÉRIE

avion vitamine avocat

J'écris une lettre

4 Trace la lettre v.

Je lis

5 Lis les syllabes.

vou : v | ou
vi : v | i
ve : v | e
va : v | a
vê : v | ê
voi : v | oi

vè : v | è
vu : v | u
vé : v | é
vo : v | o
wa : w | a

6 Lis les mots.

un lavabo — il vole — la voiture — le vélo — vite

un avocat — la ville — il voit — Valérie — des vitamines

7 Lis les mots-outils.

est — pour — puis — dans — même — comme

8 Lis le texte.

Lola a un nouveau vélo : il est vert.
Elle va l'essayer pour la première fois.
Papa vérifie le casque.
Puis Lola va dans l'allée.
Patty est venu voir Lola.
Même la tortue Valérie est là !
« Vous avez vu, les amis !
Je file vite comme le vent ! » rit Lola.

Conseil • Expliquer que la lettre *w* peut se prononcer différemment (*kiwi*).

on on ON — om om OM — « on »

bonbon

Je reconnais un son

1 Colorie quand tu entends « on » comme dans « bonbon ».

 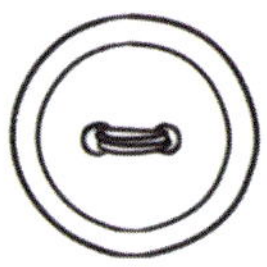    

2 Coche la case si tu entends « on » dans la syllabe correspondante.

maison ☐☐ compagnon ☐☐☐ pompier ☐☐ pantalon ☐☐☐ ongle ☐☐

Je reconnais des lettres

3 Entoure les lettres on on ON et om om OM quand tu les vois.

saucisson concombre POMPIER

PANTALON montagne cornichon

J'écris des lettres

4 Complète les mots avec la syllabe qui convient : lon – ton – pon – bon.

du jam.............. un panta..............

un mou.............. un pom................

Je lis

5 Lis les syllabes.

son	ton	nom	mon	ron	non
s on	t on	n om	m on	r on	n on
fon	**pom**	**don**	**von**	**bon**	**lon**
f on	p om	d on	v on	b on	l on

6 Lis les mots.

un cochon — le mouton — un bâton — un pompon — ils sont

du coton — le ballon — un bonbon — un moucheron

7 Lis les mots-outils.

dans — autour — des — et — les — leur — très

8 Lis le texte.

Lola arrive à la maison.
Elle court dans le salon. Elle bondit autour de la table.
« Papa, maman ! Mardi, nous irons à la ferme ! Nous verrons des cochons et des moutons ! »
Lucas, lui, ira voir les pompiers. Il montera dans leur camion.
Lola et Lucas sont très contents !

Conseil • Bien différencier le son « on » et le son « ome » (*pompon*, *pomme*).

Révisions

Lecture à deux voix

→ À toi de lire les mots en bleu ! (L'adulte lit le reste.)

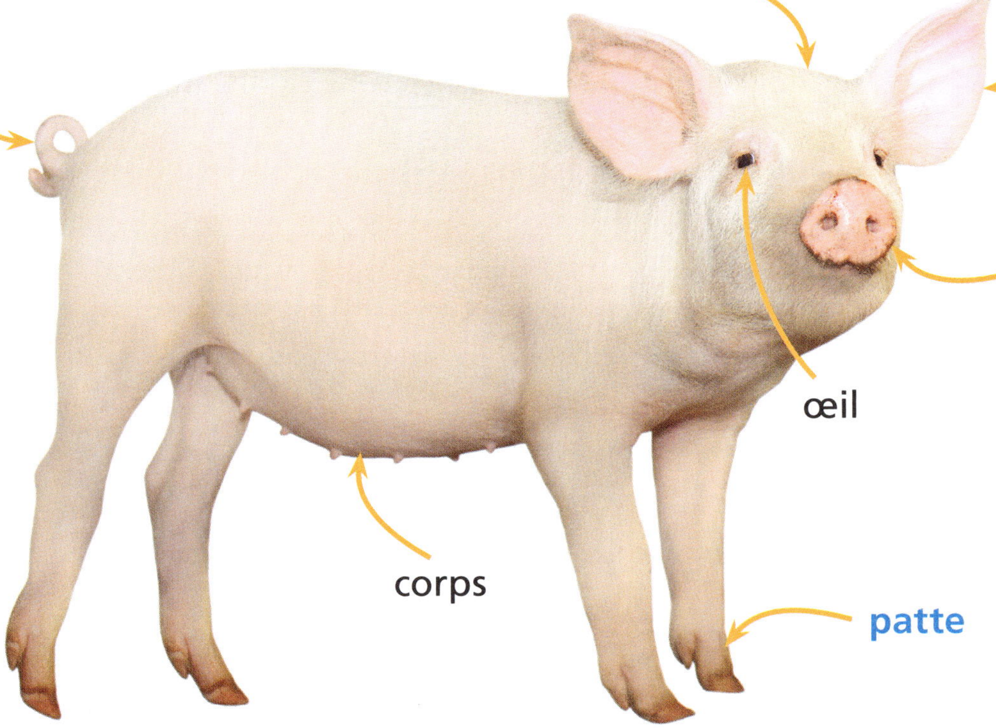

Nom du mâle : le cochon

Nom de la femelle : la truie

Nom du petit : le porcelet

Le cochon est un animal de la ferme. Il vit dans la porcherie.

Le cochon est omnivore : il mange de tout.

Sa peau est recouverte de poils durs : les soies.

Il adore se rouler dans la boue pour se protéger des insectes et du soleil.

Activités de compréhension

1 Entoure le nom du petit du cochon.

un cochonnet | un porcelet | une porcherie | une truie

2 Colorie les animaux de la ferme en bleu et les animaux de la forêt en vert.

3 Relie chaque animal à son habitat.

cochon • vache • poule • lapin • cheval

étable • porcherie • clapier • écurie • poulailler

4 Dessine l'animal de la ferme que tu préfères.

au au AU — eau eau EAU

« o »

seau

Je reconnais un son

1 Colorie quand tu entends « o » comme dans « seau ».

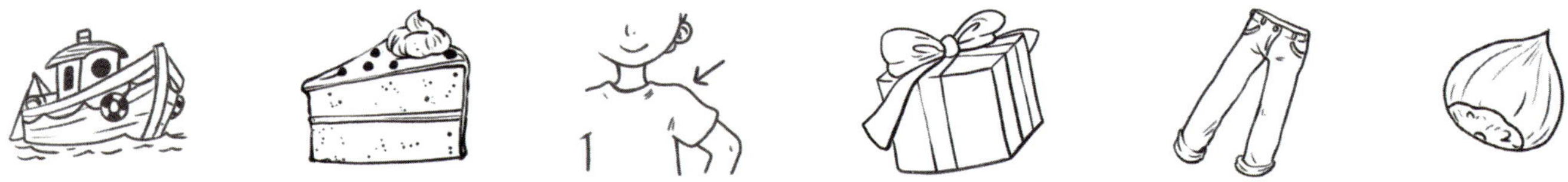

2 Coche la case si tu entends « o » dans la syllabe correspondante.

jaune — beaucoup — landau — château — autruche

Je reconnais des lettres

3 Entoure les lettres au au AU et eau eau EAU quand tu les vois.

agneau — oiseau — TABLEAU

autoroute — rideau — Aurore

J'écris des lettres

4 Complète les mots avec la syllabe qui convient : peau – beau – deau – teau.

un cor................ un ca...................

un trou............. un po.................

Je lis

5 Lis les syllabes.

mau	leau	teau	fau	peau	reau
m au	l eau	t eau	f au	p eau	r eau

cau	veau	dau	chau	beau	nau
c au	v eau	d au	ch au	b eau	n au

6 Lis les mots.

un cadeau   un taureau   la peau   il est beau   de l'eau

un bateau   un château   un veau   une chaussure   aussi

7 Lis les mots-outils.

aujourd'hui   une   en   est   mais

8 Lis le texte.

Aujourd'hui, il fait beau.
Papa propose de faire une promenade en bateau.
Lola saute de joie. Elle adore l'eau !
Lucas aussi est content.
Mais Patty se sauve aussitôt.
« Pauvre Patty, dit maman,
il miaule sous l'auto ! »
Patty n'aime pas faire du bateau !

Conseil • Expliquer qu'il n'y a aucune différence de son entre « au » et « eau ».

eu
eu
EU

œu
œu
ŒU

« eu »

cœur

Je reconnais un son

1 Colorie quand tu entends « eu » comme dans « cœur » ou comme dans « heureux ».

2 Coche la case si tu entends « eu » dans la syllabe correspondante.

couleur jeudi crémeux heureux lumineux

Je reconnais des lettres

3 Entoure les lettres eu eu EU quand tu les vois.

DOCTEUR beurre cheveux heureuse CHALEUR

J'écris des lettres

4 Trace les lettres œu.

œu œu œu

Je lis

5 Lis les syllabes.

sœu	meu	leu	deu	cœu	nœu
s œu	m eu	l eu	d eu	c œu	n œu
peu	leu	feu	beu	vœu	reu
p eu	l eu	f eu	b eu	v œu	r eu

6 Lis les mots.

jeudi un nœud du beurre il veut deux

du feu la chaleur seule les cheveux

7 Lis les mots-outils.

avec puis les est en et

8 Lis le texte.

Jeudi, Lucas veut faire un gâteau avec sa sœur.
Il casse un œuf, puis deux.
Lola les mélange avec du beurre et du sucre.
Lucas ajoute la farine puis du lait crémeux.
Le moule à gâteau est en forme de cœur.
Lucas est heureux car le dessert sera fameux !

Conseil • Expliquer qu'il y a deux sons légèrement différents (*cœur, nœud*).

an an AN — am am AM

« an »

gant

Je reconnais un son

1 Barre l'intrus dans lequel tu n'entends pas « an » comme dans « gant ».

2 Coche la case si tu entends « an » dans la syllabe correspondante.

charmant ☐☐ — chambre ☐☐ — pantalon ☐☐☐ — diamant ☐☐ — cantine ☐☐☐

Je reconnais des lettres

3 Entoure les lettres an an AN et am am AM quand tu les vois.

Antoine PANDA ampoule

jambe CHANSON plante

J'écris des lettres

4 Complète les mots avec la syllabe qui convient : man – can – fan – san.

un ....tôme un ....teau

une ....dale la ....tine

Je lis

5 Lis les syllabes.

san — s an
nan — n an
man — m an
ran — r an

pam — p am
dan — d an
van — v an
lan — l an

6 Lis les mots.

dimanche maman elle demande le pantalon

la lampe une ampoule elle chante une mandarine

7 Lis les mots-outils.

dans plus es et tes

8 Lis le texte.

Dimanche, maman demande à Lola de ranger sa chambre.
« Tu es grande ! Tu peux plier ton pantalon, et accrocher ton manteau et tes gants dans le placard blanc.
– Maman, dit Lola, ma lampe ne s'allume plus !
– Il faut changer l'ampoule », répond maman.

Conseil • Chercher avec l'enfant d'autres mots avec le son « an ».

en en EN — em em EM

« en »

tente

Je reconnais un son

1 Colorie quand tu entends « en » comme dans « tente ».

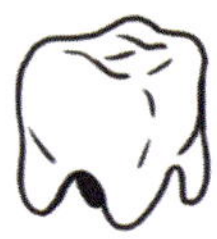     

2 Coche la case si tu entends « en » dans la syllabe correspondante.

novembre ☐☐☐ — parent ☐☐ — éventail ☐☐☐ — ensemble ☐☐☐ — tempête ☐☐☐

Je reconnais des lettres

3 Entoure les lettres en en EN et em em EM quand tu les vois.

décembre — température — IL EMMÈNE

CONTENTE — tempête — menton

J'écris des lettres

4 Complète les mots avec la syllabe qui convient : sen – men – ren – len.

.................tement — un ....tier

une ....contre — le......................ton

Je lis

5 Lis les syllabes.

men	len	tem	pen	ren
m en	l en	t em	p en	r en
fen	ven	sen	den	nen
f en	v en	s en	d en	n en

6 Lis les mots.

un enfant les parents le temps la température il attend

la tempête contente la dent elle emmène pendant

7 Lis les mots-outils.

leur tout à coup et c'est

8 Lis le texte.

Pendant les vacances, Lola, Lucas
et leurs parents font une randonnée.
Ils sont sur un sentier, en forêt.
Tout à coup, le temps change.
Le vent se lève et la température baisse.
« C'est une tempête ! crie Lucas.
– Restons ensemble », dit maman.
Elle les emmène à l'abri dans une cabane.

Conseil • Expliquer à l'enfant que *en* et *em* se prononcent comme *an*.

in in IN

im im IM

« in »

patin

Je reconnais un son

1 Entoure quand tu entends « in » comme dans « patin ».

2 Coche la case si tu entends le son « in » dans la syllabe correspondante.

matin	médecin	invisible	malin	imprudent
☐☐	☐☐☐	☐☐☐☐	☐☐	☐☐☐

Je reconnais des lettres

3 Entoure les lettres in in IN et im im IM quand tu les vois.

RAISIN timbale impoli

chemin timbre DINDON

J'écris des lettres

4 Complète les mots avec la syllabe qui convient : min – tin – pin – lin.

un la................. le mou.................

un che............... un pan...............

Je lis

5 Lis les syllabes.

tin	pin	din	rin
t in	p in	d in	r in
vin	fin	chin	min
v in	f in	ch in	m in

6 Lis les mots.

un lapin un sapin un moulin le matin un pépin

un chemin malin impoli un marin un pantin

7 Lis les mots-outils.

est près c'est

8 Lis le texte.

Ce matin, un petit lapin est venu dans le jardin.
Il a mangé le romarin planté par Lola.
« Il est impoli, dit Lola.
– Non, il est malin ! » répond Lucas.
Maman met de l'eau près du sapin.
« C'est pour toi, petit lapin ! »

Conseil • Aider l'enfant à découper les syllabes pour bien différencier les deux prononciations (*i-ma-ge* et *im-po-li*).

j j J g g G

« j »

judoka

Je reconnais un son

1 **Barre l'intrus dans lequel tu n'entends pas « j » comme dans « judoka ».**

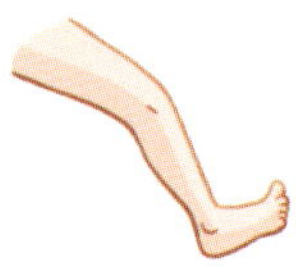     

2 **Coche la case si tu entends « j » dans la syllabe correspondante.**

luge orangeade jambon diriger gymnastique

Je reconnais des lettres

3 **Entoure la lettre j j J en bleu et la lettre g g G en rouge.**

page Jeanne journal ORANGE déjà girafe

J'écris une lettre

4 **Trace la lettre j.**

Je lis

5 Lis les syllabes.

ja	jou	je	gi	joi	ge
j a	j ou	j e	g i	j oi	g e
jon	ju	gen	jam	jo	gea
j on	j u	g en	j am	j o	g ea

6 Lis les mots.

joli — une jupe — il joue — la jambe — elle mange

déjà — un pyjama — le genou — la page — une luge

7 Lis les mots-outils.

avec — soudain — mais — c'est

8 Lis le texte.

Lola joue avec Patty dans sa chambre.
Soudain, Lucas surgit à la porte.
« Tu es déjà en pyjama ? s'étonne Lola.
– Mais non, c'est ma tenue pour le judo !
dit fièrement Lucas.
Je commence les cours jeudi prochain. »

Conseil • La lettre *g* est également étudiée à la page suivante puisqu'elle peut se prononcer « j » ou « gu ».

g g G

« gu »

guitare

Je reconnais un son

1 Colorie quand tu entends « gu » comme dans « guitare ».

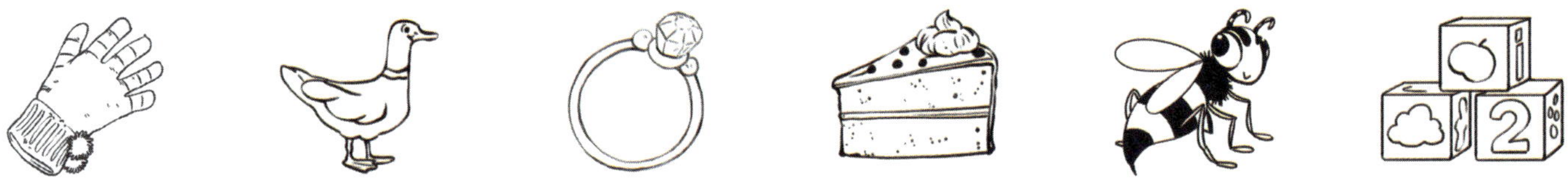

2 Coche la case si tu entends « gu » dans la syllabe correspondante.

gobelet □□□ magazine □□□□ figue □□ garderie □□□ dégoûtant □□□

Je reconnais une lettre

3 Entoure la lettre g g G quand tu la vois.

garage Guillaume DÉGOULINER REGARDER bague figure

J'écris une lettre

4 Trace la lettre g.

Je lis

5 Lis les syllabes.

go	gou	gue	ga	gu
g o	g ou	g ue	g a	g u

goi	gui	gan	guin
g oi	g ui	g an	g uin

6 Lis les mots.

la gare   le goûter   goulu   une guitare

le garçon   une goutte   un gâteau   une figue

7 Lis les mots-outils.

leurs   mais   c'est   presque   quel

8 Lis le texte.

Lucas, Lola et leurs parents sont dans une galerie marchande.
Lola s'arrête devant la vitrine d'un magasin.
« Regarde Lucas, il y a des guitares ! »
Mais le petit garçon a senti une bonne odeur.
« Papa, c'est presque l'heure du goûter.
Tu nous achètes une gaufre ?
– Quel goulu ! dit papa. Tu as déjà mangé
des gâteaux dans la voiture ! »

Conseil • Aider l'enfant à bien distinguer les deux prononciations de la lettre *g* : *il mange une mangue.*

c ç sc t

« ss »

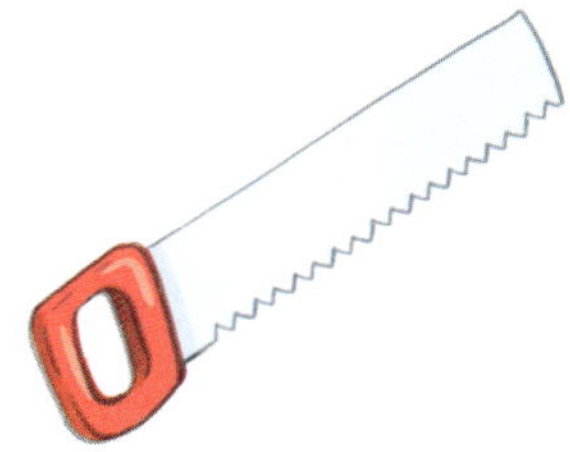

scie

Je reconnais un son

1 Colorie quand tu entends « ss » comme dans « scie ».

2 Coche la case si tu entends « ss » dans la syllabe correspondante.

glaçon ☐☐ médecin ☐☐☐ adolescent ☐☐☐☐ cinéma ☐☐☐ natation ☐☐☐

Je reconnais des lettres

3 Entoure la lettre ç ç Ç en bleu et les lettres sc sc SC en vert.

ascenseur GARÇON piscine sciences

façade BALANÇOIRE

J'écris une lettre

4 Trace la lettre ç sans oublier la cédille.

ç ç ç

Je lis

5 Lis les syllabes.

ça	çu	çon	sci	scen	çoi
ç a	ç u	ç on	sc i	sc en	ç oi
cin	ce	ci	cy	tion	
c in	c e	c i	c y	t ion	

6 Lis les mots.

le pouce — une glace — la natation — la piscine — le garçon

une leçon — le médecin — un centime — un glaçon — le glaçage

7 Lis les mots-outils.

près de — qui — sur

8 Lis le texte.

« Attention, dit papa, ce matin, je scie du bois !
Lola, tu pourras ranger les petites bûches
dans la cabane, près de la piscine. »
Lucas observe papa et Lola.
Le petit garçon est assis sur la terrasse.
Il attend maman qui va l'emmener
prendre une leçon de natation.

Conseil • Expliquer à l'enfant que la lettre *c* a besoin d'une cédille pour faire le son « ss » devant *a*, *o*, *u*.

Révisions

Lecture à deux voix

→ **À toi de lire les mots en bleu !** (L'adulte lit le reste.)

Catalogue de Noël

A Animaux en peluche

① **Lapin** ② **Panda** ③ Éléphant

B Poupées

① **Jenny** ② **Aurore** ③ **Cécile**

C Accessoires **poupées**

① **Balancelle**

② Poussette **à** trois **roues**

③ **Landau câlin**

D **Établi avec outils**

livré **avec marteau**, **scie**, tournevis, clous **et vis**.

E Livres

① *Le **Sapin** de Noël de **Lulu***

② ***Un** Noël **dans** les **étoiles***

③ ***Noé et** Azote **Coup de** froid !*

Activités de compréhension

1 De quel type de texte s'agit-il ? Entoure la réponse correcte.

article de journal | page de catalogue | recette | fiche bricolage

2 Associe les noms des jouets à leur code.

poupée Aurore	balancelle	*Noé et Azote*	éléphant
•	•	•	•
•	•	•	•
E3	B2	A3	C1

3 Complète avec les codes qui conviennent.

Landau câlin : ....

Peluche lapin : ....

Un Noël dans les étoiles : ....

Poupée Cécile : ....

4 Entoure les outils livrés avec l'établi.

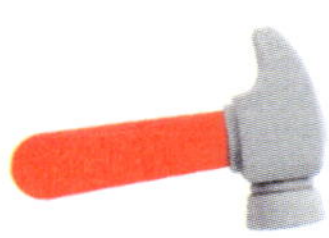

5 Choisis les deux jouets que tu préfères dans la page de catalogue et écris ta commande !

....

....

....

br cr dr fr gr pr tr vr

brassards

Je reconnais des sons

1 Relie chaque dessin au son que tu entends.

« br » « cr » « gr » « dr » « tr » « vr »

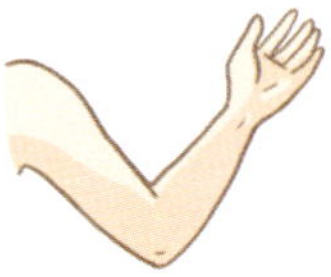

3

Je reconnais des lettres

2 Entoure les lettres br br BR en bleu, dr dr DR en vert et pr pr PR en rouge.

concombre IMPRIMÉ dromadaire promenade TIMBRE

J'écris des lettres

3 Trace les lettres.

br br br

vr vr vr

Je lis

4 Lis les syllabes.

pro	bru	cra	dro	brou	frè
pr o	br u	cr a	dr o	br ou	fr è
gra	**vri**	**tre**	**dri**	**croi**	**gri**
gr a	vr i	tr e	dr i	cr oi	gr i

5 Lis les mots.

un livre — une crêpe — du sucre — le frère — un trou — drôle

un ogre — une prune — le bras — un drap — libre — trois

6 Lis les mots-outils.

avec — et — c'est — qui

7 Lis le texte.

Lucas se promène avec Roméo et Lola.
Il entend un petit bruit. C'est un insecte
qui le frôle.
Lucas pousse un cri. Il a mal au bras droit.
« Un frelon m'a piqué !
– Je ne crois pas, dit Lola à son frère.
C'est une grosse mouche grise ! »
Lucas est rassuré.

Conseil • Demander à l'enfant de trouver d'autres mots avec les sons étudiés.

bl cl fl gl pl

flûte

Je reconnais des sons

1 **Relie chaque dessin au son que tu entends.**

« bl » « cl » « fl » « gl » « pl »

   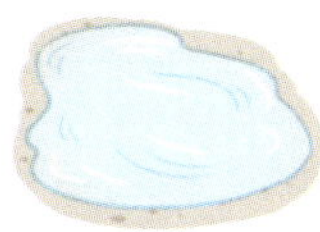 

Je reconnais des lettres

2 **Entoure les lettres *bl* bl BL en bleu, *pl* pl PL en vert et *cl* cl CL en rouge.**

ONCLE *parapluie* PLATANE *impossible* classe

J'écris des lettres

3 **Complète chaque mot avec la syllabe qui convient :**
clo - gla - flo - pla - bla.

un ....çon *un ....con* *une ....che*

une ....gue *un ....teau*

Je lis

4 Lis les syllabes.

ple	bla	flo	clu	glou	blé
pl e	bl a	fl o	cl u	gl ou	bl é
fli	ploi	clin	flan	plon	
fl i	pl oi	cl in	fl an	pl on	

5 Lis les mots.

blanche bleu un clou il pleut il pleure

une table une plume un oncle elle glisse un ongle

6 Lis les mots-outils.

aujourd'hui ses et

7 Lis le texte.

Aujourd'hui, il pleut.
Lola met ses bottes bleues et son imperméable.
Elle saute dans les flaques.
Flic, flac, floc !
Les gouttes de pluie font une jolie chanson.
Plic ! Plac ! Ploc ! Le vent se lève.
La porte claque.
Patty plonge sous le lit. Il n'aime pas la pluie !

Conseil • Aider l'enfant à bien différencier les sons (*oncle/ongle – pleut/bleu*).

ph ph PH

« f »

phare

Je reconnais un son

1 Colorie quand tu entends « f » comme dans « phare ».

2 Coche la case si tu entends « f » dans la syllabe correspondante.

pharmacie photographie éléphanteau paragraphe

Je reconnais des lettres

3 Entoure les lettres ph ph PH quand tu les vois.

phénomène pharmacienne PHOQUE

STROPHE Philippe alphabet

J'écris des lettres

4 Trace les lettres ph.

ph ph ph

Je lis

5 Lis les syllabes.

phi	pha	pho	phé
ph i	ph a	ph o	ph é
phy	phe	phè	
ph y	ph e	ph è	

6 Lis les mots.

une photo   un téléphone   un phare   la pharmacie

un phénomène   un éléphant   un dauphin   une photocopie

7 Lis les mots-outils.

pour   près de   à côté   sur   avec

8 Lis le texte.

Maman a loué un gîte pour
les vacances.
Il est près de la plage, à côté
d'un phare.
Philippe, l'ami de papa, emmène
tout le monde sur son bateau.
Si Lucas voit un dauphin, il fera
une photo avec le téléphone de papa.

Conseil • Expliquer à l'enfant que la lettre *h* toute seule ne s'entend pas (*haricot*, *bonhomme*).

ar er ir or ur

porte

Je reconnais des sons

1 Relie chaque dessin au son que tu entends.

« ar » « er » « or » « ur »

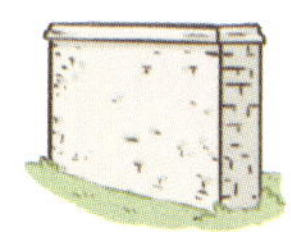

Je reconnais des lettres

2 Entoure les lettres *ir* ir IR en bleu, *or* or OR en vert et *ar* ar AR en rouge.

CARTABLE *soupir* barbe PORTE rafraîchir

J'écris des lettres

3 Complète chaque mot avec la syllabe qui convient :
mar – mer – myr – mor – mur.

le ....mure *une ....tille* *un ....teau*

.......credi *un ....ceau*

Je lis

4 Lis les syllabes.

par	pur	bor	mur	tir	mer
p ar	p ur	b or	m ur	t ir	m er
lar	**tor**	**rir**	**car**	**for**	**dur**
l ar	t or	r ir	c ar	f or	d ur

5 Lis les mots.

la mer	le mur	le bord	le cartable	dormir
une tortue	partir	un canard	une sardine	merci
un garde	le marché	un soupir	le murmure	le port

6 Lis les mots-outils.

et mais toujours

7 Lis le texte.

Lola adore ses vacances au bord de la mer.
Elle marche sur le sable et cherche
des coquillages.
Elle s'endort dans le jardin, bercée par
le murmure des vagues.
Mais mercredi, il faudra repartir !
Les vacances se terminent toujours trop tôt !

Conseil • Demander à l'enfant de repérer tous les mots du texte avec le son « ère » comme dans *mer* (il y en a 5).

al el il ol ul

b**o**l

Je reconnais des sons

1 Relie chaque dessin au son que tu entends.

« al » « el » « il » « ol » « ul »

   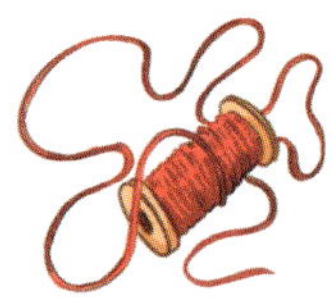 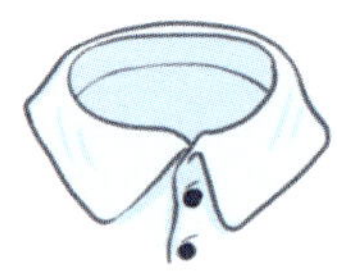

J'écris des lettres

2 Complète les mots avec les lettres : al – il – ol – ul – el.

un tunn.... le carnav.... le calc.... du s....

un v....can un b.... le mois d'avr....

3 Trace les lettres.

al al al

ol ol ol

Je lis

4 Lis les syllabes.

mal	mil	pul	col	cal	ful
m al	m il	p ul	c ol	c al	f ul
fil	vol	vil	bol	bal	bel
f il	v ol	v il	b ol	b al	b el

5 Lis les mots.

un bol	un bal	un animal	un bocal	le calcul
matinal	banal	original	un volcan	le Brésil
du sel	le sol	un balcon	un pull	du fil

6 Lis les mots-outils.

avoir ses c'est qui alors

7 Lis le texte.

Lucas va avoir sept ans.
Il demande à ses parents s'il peut avoir un nouvel animal.
« Un chat, c'est banal, dit-il. Je voudrais un animal plus original !
– Nous pouvons t'offrir un animal qui tient dans un bocal !
répond maman.
– Alors, ce sera un poisson multicolore ! »
dit Lucas.

Conseil • Aider l'enfant à bien différencier *al*, *el*, *il* de *la*, *le*, *li*.

ac ec ic oc uc ouc

s**ac**

Je reconnais des sons

1 Relie chaque dessin au son que tu entends.

« ac »   « oc »   « ec »   « ouc »

J'écris des lettres

2 Complète les mots avec les lettres : *ac – ec – ic – oc*.

le l....   *V....tor*   *la d....tée*   *un ch....*

un ins....te   *la l....ture*   *un d....teur*

3 Trace les lettres *oc*.

Je lis

4 Lis les syllabes.

bac	bic	lac	luc	roc	foc
b ac	b ic	l ac	l uc	r oc	f oc
sac	duc	choc	chic	bouc	toc
s ac	d uc	ch oc	ch ic	b ouc	t oc

5 Lis les mots.

un choc	un sac	il est sec	un lac
un duc	c'est chic !	un bac	une dictée
octobre	la lecture	une fracture	un roc

6 Lis les mots-outils.

derrière quel aïe ! c'est peut-être que

7 Lis le texte.

Lucas court au bord du lac derrière son ami Victor.
Il trébuche et tombe sur un bloc de béton.
Quel choc !
« Aïe, mon bras me fait mal ! dit le petit garçon.
– C'est peut-être une fracture, » dit maman.
« Je prends mon sac et je t'emmène à l'hôpital. »

Conseil • Les lettres *ai* peuvent se prononcer « ay » (*aïe*, *aïkido*) ou « a-i » (*maïs*, *naïf*).

as es is os us

escargot

Je reconnais des sons

1 Relie chaque dessin au son que tu entends.

« as » « es » « is » « os » « us »

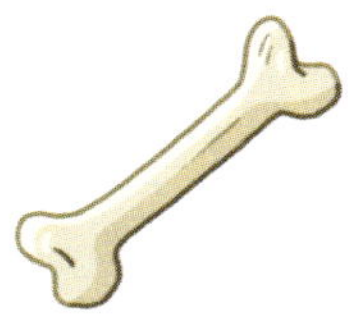

J'écris des lettres

2 Complète les mots avec les lettres : as – es – is – os – us.

un ....ticot une h....toire une v....te

une c....cade pl.... il b....cule le rhinocér....

3 Trace les lettres os.

os os os

Je lis

4 Lis les syllabes.

mus	las	pas	pos	cas	fas
m us	l as	p as	p os	c as	f as
vis	**ves**	**dis**	**bas**	**bus**	**bis**
v is	v es	d is	b as	b us	b is

5 Lis les mots.

la poste	un os	il reste	un rhinocéros	une cascade
un artiste	plus	juste	un autobus	un ananas
une piste	une vis	triste	un garagiste	une veste

6 Lis les mots-outils.

est mais c'est bientôt avec

7 Lis le texte.

Lucas est à l'hôpital.
« L'os de ton bras est cassé, dit maman. Tu vas rester ici, mais c'est juste pour deux jours ! Ne sois pas triste. Je reste avec toi ! Nous lirons des histoires et papa va bientôt passer avec Lola. Ils t'apporteront tes biscuits préférés ! »

Conseil • Faire rechercher d'autres mots avec les sons étudiés.

et er es ez

« é »

n**ez**

Je reconnais un son

**1 Trouve le verbe représenté par chaque dessin.
Colorie lorsque le verbe se termine par le son « é ».**

2 Entoure les lettres er si tu entends « é » comme dans « nez ».

le danger   la mer   la terre   dessiner   verte

le boulanger   la dernière   un bermuda   le goûter

découper   un cerf   servir   danser

J'écris un mot

3 Écris le mot.

bouger

Je lis

4 Lis les syllabes.

chez	sez	ger	des	nez
ch ez	s ez	g er	d es	n ez

5 Lis les mots.

vous dessinez	le dîner	chez	montrer
un boulanger	le nez	vous mangez	assez
téléphoner	un berger	et	bouger

6 Lis les mots-outils.

avec c'est pour hier pareil comment

7 Lis le texte.

Lucas est content de rentrer chez lui.
Il en avait assez de l'hôpital !
Amina l'attend avec un cadeau.
« C'est un chat en papier pour jouer !
Je l'ai fabriqué hier à l'école.
Ses pattes et sa tête peuvent bouger.
Tu dois juste dessiner les yeux et le nez.
– J'en veux un pareil ! dit Lola. Tu peux
me montrer comment faire ? »

Conseil • Attention à la prononciation du mot *hier.*

Révisions

Lecture à deux voix

→ À toi de lire les mots en bleu ! (L'adulte lit le reste.)

Fiche bricolage « Je joue avec Patty, le petit chat »

Matériel nécessaire :

- une feuille cartonnée
- un crayon
- une paire de ciseaux
- six attaches parisiennes
- des gommettes
- de la colle
- des bouts de laine

1. Je dessine les parties du corps.

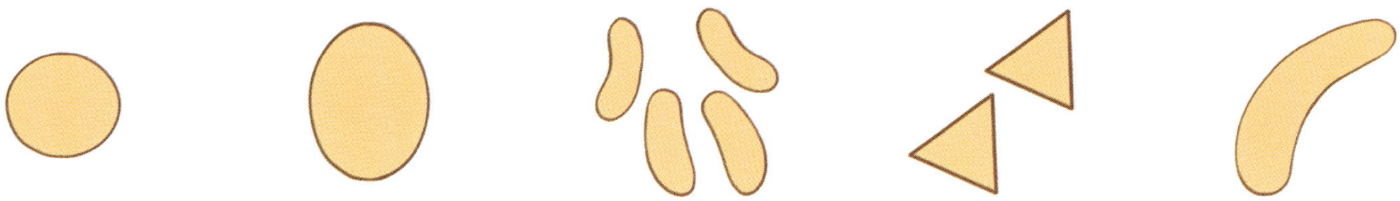

2. Je découpe les parties du corps.

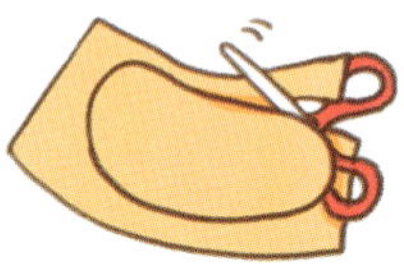

3. J'assemble avec des attaches parisiennes.

4. Je colle des gommettes pour faire les yeux et le nez.

5. Je colle des bouts de laine pour les moustaches.

Activités de compréhension

1 De quel type de texte s'agit-il ? Entoure la réponse correcte.

une recette — une page de catalogue — une bande dessinée

une fiche bricolage — une affiche

2 Colorie le matériel dont tu as besoin.

3 Relie les étapes de fabrication au numéro qui convient pour les remettre dans l'ordre.

coller — découper — dessiner — assembler

1 — 2 — 3 — 4

4 Relie chaque mot au groupe de lettres qui le composent.

CEAATTH — CEUMATOHS — CXEIAUS

MOUSTACHE — CISEAUX — ATTACHE

5 Complète la phrase avec les mots du texte.

Je colle des .... de laine pour les ....

ai
ai
AI

ei
ei
EI

« è »

reine

Je reconnais un son

1 Colorie quand tu entends « è » comme dans « reine ».

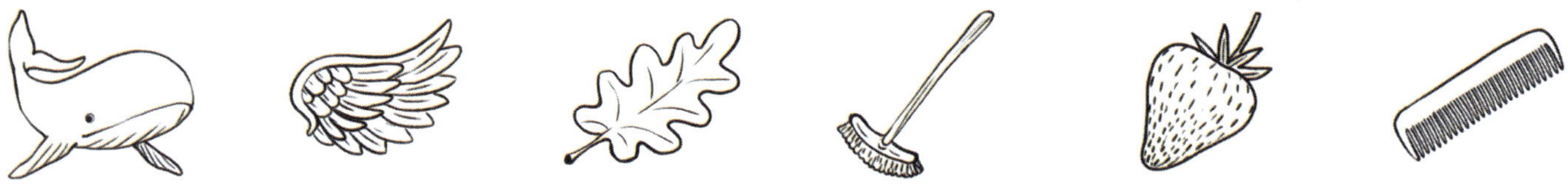

2 Coche la case si tu entends « è » dans la syllabe correspondante.

chaîne	semaine	madeleine	laine	fontaine
☐☐	☐☐☐	☐☐☐☐	☐☐	☐☐☐

Je reconnais des lettres

3 Entoure les lettres ai ai AI en bleu et ei ei EI en vert.

éclair NEIGE merveille

chaise peigne MAÎTRESSE

J'écris des lettres

4 Complète chaque mot avec les lettres ai.

la sem......ne une fr......se

une p......re un dromad......re

Je lis

5 Lis les syllabes.

bai	mai	pei	fai	chai	bei
b ai	m ai	p ei	f ai	ch ai	b ei
lai	tei	nai	dai	clai	frai
l ai	t ei	n ai	d ai	cl ai	fr ai

6 Lis les mots.

une chaise la reine de la laine je sais une baleine

la neige une aile la semaine une paire un balai

7 Lis les mots-outils.

près de avec que aussi encore

8 Lis le texte.

À seize heures, Lola sort de l'école.
Elle goûte à la maison : du chocolat, une pomme et un verre de lait.
Près de sa chaise, Patty la regarde avec envie.
« Je sais que tu aimes le lait, toi aussi », dit Lola la bouche encore pleine.

Conseil • Demander à l'enfant de repérer tous les mots contenant le son « è » dans le texte.

q qu k ch

« k »

kiwi

Je reconnais un son

1 Entoure l'intrus dans lequel tu n'entends pas « k » comme dans « kiwi ».

Je reconnais des lettres

2 Entoure la lettre *k* k K en bleu, et les lettres *qu* qu QU en vert quand tu les vois.

Quentin Kim COQUINE

POLKA *kilo* *quarante*

J'écris des lettres

3 Trace les lettres.

k *k* *k*

q *q* *q*

Je lis

4 Lis les syllabes.

kan	ko	ki	que
k an	k o	k i	qu e
quoi	**qui**	**quet**	**quan**
qu oi	qu i	qu et	qu an

5 Lis les mots.

un ticket   un paquet   un koala   un kangourou

la chorale   une étiquette   un orchestre   un bouquet

6 Lis les mots-outils.

voilà   avec   d'accord   mais

7 Lis le texte.

« Lola, Lucas, vous pouvez aller acheter un kilo de farine ?
Allez à la boutique, au coin de la rue. Voilà cinq euros, dit maman.
– On peut acheter un paquet de bonbons avec la monnaie ? demandent Lola et Lucas en chœur.
– D'accord, accepte maman. Mais rapportez-moi le ticket de caisse ! »

Conseil • Expliquer à l'enfant que les petits signes en début et fin de texte s'appellent des guillemets. Ils servent à encadrer un dialogue.

z z Z

s s S

« z »

lézard

Je reconnais un son

1 Colorie quand tu entends « z » comme dans « lézard ».

2 Entoure si tu entends le son « z ».

dessert – désert

poison – poisson

rosse – rose

douze – douce

seau – zoo

visse – vise

Je reconnais une lettre

3 Entoure la lettre z z Z quand tu la vois.

ZIGZAG

gazon

Zoé

bizarre

bronzer

DOUZE

J'écris une lettre

4 Trace la lettre z.

z z z

Je lis

5 Lis les syllabes.

ze	za	zon	zi	zé	zo	zou
z e	z a	z on	z i	z é	z o	z ou

6 Lis les mots.

la maison   zéro   le visage   le cousin   une fraise

une rose   douze   onze   la musique   une chose

7 Lis les mots-outils.

chez   leur   dehors   peut-être   encore   mais

8 Lis le texte.

Lola et Lucas sont en visite chez leur cousine Zoé.
« Allons jouer dehors, propose Lucas.
– Nous pourrons peut-être encore trouver
quelques fraises » dit Zoé.
Mais, en s'approchant du fraisier,
que voit Lucas ?
Un petit lézard qui s'enfuit
sur le gazon !

Conseil • Bien expliquer à l'enfant que la lettre *s* se prononce « z » entre deux voyelles (*poison*, *désert*).

ill ill ILL

« ill »

filles

Je reconnais un son

1 Colorie quand tu entends « ill » comme dans « filles ».

 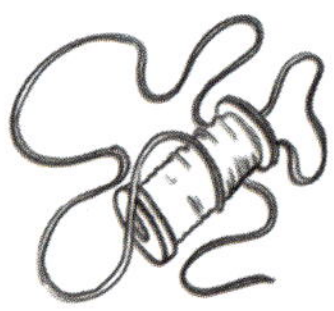    

2 Entoure les mots dans lesquels tu entends « ill ».

la cheville   une ville   une coquille   Camille

mille   gentille   tranquille

Je reconnais des lettres

3 Entoure les lettres ill ill ILL quand tu les vois.

vanille   FILLETTE   cheville

TILLEUL   papillon   habillage

J'écris des lettres

4 Trace les lettres ill.

ill ill ill

Je lis

5 Lis les syllabes.

bill	mill	nill	pill	quill
b ill	m ill	n ill	p ill	qu ill
dill	fill	till	rill	vill
d ill	f ill	t ill	r ill	v ill

6 Lis les mots.

la fille   la famille   la vanille   un papillon   la cheville

gentille   une coquille   la grille   la béquille   il brille

7 Lis les mots-outils.

alors   dans   très

8 Lis le texte.

Maman appelle Lola et Lucas qui jouent aux billes.
« Ma tante Camille a téléphoné.
Elle s'est foulé la cheville et elle se déplace
avec des béquilles. Alors, je l'ai invitée
à passer une semaine dans notre famille.
– Elle peut prendre ma chambre, dit la petite fille.
– Tu es très gentille », dit maman.

Conseil • Aider l'enfant à bien différencier les prononciations de « ill » : *mille/Camille.*

ail aill

« ail »

éventail

eil eille

« eil »

soleil

Je reconnais des sons

1 Entoure quand tu entends « ail » comme dans « éventail ».

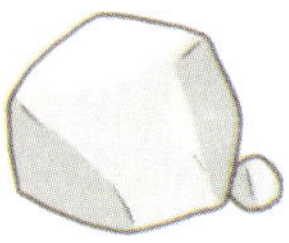 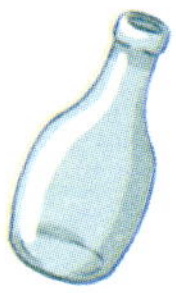    

2 Coche la case si tu entends « eil » dans la syllabe correspondante.

pareil	soleil	réveil	conseil	appareil
☐☐	☐☐	☐☐	☐☐	☐☐☐

Je reconnais des lettres

3 Entoure les lettres *ail* ail AIL en bleu et les lettres *eil* eil EIL en vert quand tu les vois.

travail CORBEILLE *vieille*

paillasson *portail* GROSEILLE

J'écris un mot

4 Écris le mot.

soleil

5 Lis les syllabes.

dail	saill	tail	paill	vail	maill
d ail	s aill	t ail	p aill	v ail	m aill
meil	beill	meill	veil	teill	reil
m eil	b eill	m eill	v eil	t eill	r eil

6 Lis les mots.

une médaille   le travail   la paille   le portail   il baille

une bouteille   pareil   le soleil   le sommeil   un appareil

7 Lis les mots-outils.

dans   avec   mais   près du   puis   maintenant

8 Lis le texte.

Patty sort dans le jardin avec Lola.
La petite fille va s'installer à l'ombre,
mais Patty préfère le soleil !
Il surveille une abeille qui vole près du portail.
Puis, il essaie d'attraper un papillon.
Quel travail ! Maintenant, Patty a sommeil.
Il se couche dans sa corbeille.

Conseil • Demander à l'enfant de repérer tous les mots du texte avec les sons « ail » ou « eil ».

euil
euille
« euil »

f**euille**

ouil
ouille
« ouil »

gren**ouille**

Je reconnais des sons

1 Colorie quand tu entends « euil » comme dans « feuille ».

2 Entoure le mot si tu entends « ouil » comme dans « grenouille ».

ça mouille   la semoule   il chatouille   une poule

Je reconnais des lettres

3 Entoure les lettres *euil* euil EUIL quand tu les vois.

un portefeuille   LE CHÈVREFEUILLE   *un chevreuil*

J'écris des mots

4 Écris les mots.

écureuil

grenouille

Je lis

5 Lis les syllabes.

teuil	reuil	feuil	veuil	vreuil	seuil
t euil	r euil	f euil	v euil	vr euil	s euil

mouil	touil	rouil	nouil	grouil
m ouil	t ouil	r ouil	n ouil	gr ouil

6 Lis les mots.

une feuille un écureuil un fauteuil un œil

ça chatouille ça mouille des nouilles il fouille

7 Lis les mots-outils.

lorsque puis c'est bien

8 Lis le texte.

Lucas dort profondément lorsqu'il sent quelque chose qui lui chatouille le nez.
Il ouvre un œil, puis deux.
C'est Patty qui le lèche.
« Va sur ton fauteuil ! J'ai le visage tout mouillé ! proteste le petit garçon.
– Eh bien, tu n'as plus besoin de te débarbouiller ! » rit papa qui vient d'entrer.

Conseil • Expliquer que le mot *œil* se prononce comme *feuille*.

eur our oir uir

fourmi

Je reconnais des sons

1 **Relie chaque dessin au son que tu entends.**

« eur » « our » « oir »

2 **Entoure les mots dans lesquels tu entends « our ».**

un journal le trottoir un four bonjour sourd

J'écris des mots

3 **Complète les mots avec les lettres qui conviennent : eur – our – oir – uir.**

un pêch...... un coul...... un doct...... s'enf......

bonj...... au rev...... un tract...... le ret......

4 **Écris le mot.**

fourmi

Je lis

5 Lis les syllabes.

loir	toir	poir	meur	leur	four
l oir	t oir	p oir	m eur	l eur	f our
mour	lour	sour	bour	nuir	cuir
m our	l our	s our	b our	n uir	c uir

6 Lis les mots.

une heure	bonjour	au revoir	la sœur	un ours
une fleur	un mouchoir	un arrosoir	le four	la cour
un tracteur	la couleur	une fourmi	un tiroir	pleuvoir

7 Lis le texte.

Lucas saisit l'arrosoir et le remplit d'eau.
« Bonjour les fleurs ! » dit-il en s'approchant des roses. L'eau coule.
Elle fait fuir une petite fourmi noire.
« Au revoir, petite fourmi, rit Lucas.
Tu as raison d'avoir peur. J'ai le pouvoir de faire pleuvoir ! »

Conseil • Expliquer à l'enfant que les lettres *œur* se prononcent comme *eur* (*la sœur, le cœur*).

Révisions

Lecture à deux voix

→ **À toi de lire les mots en bleu ! (L'adulte lit le reste.)**

Activités de compréhension

1 Entoure le nom du cirque.

KARAGOL KARAITOL KARRACOL KARACOL

2 Quel jour Lola et Lucas vont-ils au cirque ?
Remets les lettres dans l'ordre et écris-le.

CAMIHDEN ....

3 Entoure les noms des métiers du cirque.

jongleur

trapéziste

clown

docteur

équilibriste

4 Complète la phrase avec les mots : *sœur, clowns, fauteuil.*

Assis dans leur ...., Lucas et sa ....

regardent les ....

5 Dessine un chapiteau de cirque et colorie-le.

elle erre esse ette

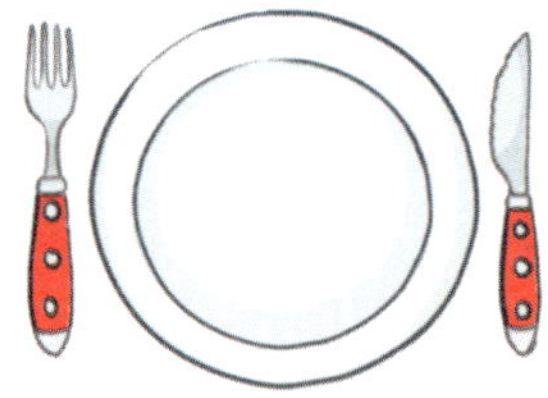
assiette

Je reconnais des sons

1 Relie chaque dessin au son que tu entends.

« elle » « erre » « esse » « ette »

J'écris des mots

2 Complète les mots avec les lettres qui conviennent : elle - erre - esse - ette.

la vit........ une car........ une gal........

de la t......... une fill......... une poub.........

3 Écris le mot.

tresse

Je lis

4 **Lis les syllabes.**

belle	telle	pelle	rette	cette	dette
b elle	t elle	p elle	r ette	c ette	d ette
sette	**terre**	**nerre**	**tesse**	**nesse**	**vesse**
s ette	t erre	n erre	t esse	n esse	v esse

5 **Lis les mots.**

une pelle
elle s'appelle
une fourchette
le tonnerre

une sauterelle
une brouette
la couette
la vitesse

la marelle
des lunettes
une pierre
une tresse

une ficelle
une assiette
de la terre
une princesse

6 **Lis les mots-outils.**

chez près du ensuite ainsi

7 **Lis le texte.**

Lola a invité Amina chez elle.
Les deux fillettes jouent à la marelle près du parterre de fleurs.
Ensuite, elles décident de jouer à la coiffeuse.
Lola tresse les cheveux d'Amina et Amina fait des couettes à Lola !
Elles sont très belles ainsi !

Conseil • Donner les deux sens du mot *couette*.

ia io ier ière

Je reconnais des sons

1 Relie chaque dessin au son que tu entends.

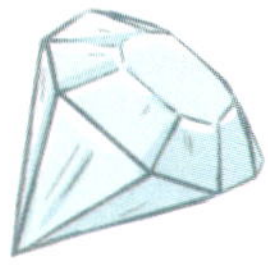
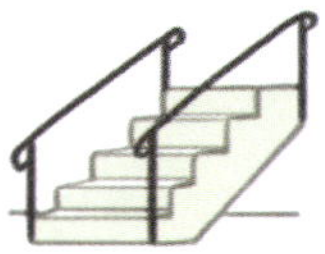

« ia » « io » « ier » « ière »

J'écris des mots

2 Complète les mots avec les lettres qui conviennent :
ia – io – ier – ière.

une port........ le char........t du pap........

un pomm........ un p.....no un d........mant

la bibl........thèque la riv........

3 Écris le mot.

violon

Je lis

4 Lis les syllabes.

pia	fia	dia	tio	chio	tier
p ia	f ia	d ia	t io	ch io	t ier
sier	dier	nier	tière	rière	nière
s ier	d ier	n ier	t ière	r ière	n ière

5 Lis les mots.

le piano — la radio — une violette — un chiot — un écolier

un métier — un poirier — du papier — un grenier — la lumière

6 Lis le texte.

Dimanche dernier, papa a rangé le grenier
chez papy et mamie.
Il a retrouvé un violon plein de poussière,
derrière des paniers.
Papa a descendu l'escalier et a montré
l'instrument à maman.
« Je faisais beaucoup de musique quand
j'étais écolier », a-t-il expliqué.
Il observe le violon à la lumière :
il n'est pas abîmé !

Conseil • Expliquer à l'enfant que les lettres *ier* peuvent se prononcer « ière » (*hier*, *fier*).

ian ien ion ieu

av**ion**

Je reconnais des sons

1 Relie chaque dessin au son que tu entends.

« ian » « ien » « ion » « ieu »

J'écris des mots

2 Complète les mots avec les lettres qui conviennent :
ian – ien – ion – ieu.

une fr........dise un Ind........ la natat........

un gard........ un champ........ de la v........de

le mil........ la récréat........ silenc........x

3 Écris le mot.

attention

Je lis

4 Lis les syllabes.

tien	bien	vien	rian	pion	rion
t ien	b ien	v ien	r ian	p ion	r ion
nion	vion	crion	mieu	pieu	vieu
n ion	v ion	cr ion	m ieu	p ieu	v ieu

5 Lis les mots.

le mien	le tien	italien	un chien	un musicien
la natation	un lion	un pion	un avion	la télévision
une friandise	la viande	le milieu	silencieuse	mieux

6 Lis les mots-outils.

puisque c'est maintenant

7 Lis le texte.

Papa a rapporté son vieux violon à la maison.
Il appelle Lucas qui regarde une émission
à la télévision.
Il lui tend le violon en souriant.
« Puisque tu veux devenir musicien,
je te le donne. C'est le tien maintenant.
– J'y ferai très attention », promet
le petit garçon avec sérieux.

Conseil • Expliquer que *ieu* a deux prononciations légèrement différentes : *malicieux/skieur.*

ain aim un um ein yn ym

« un »

tr**ain**

Je reconnais un son

1 Colorie si tu entends « un » comme dans « train ».

 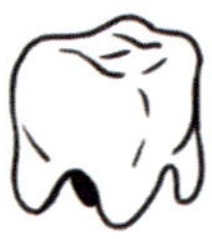    

2 Coche la case si tu entends « un » dans la syllabe correspondante.

parfum	écrivain	peinture	souterrain	maintenant
☐☐	☐☐☐	☐☐☐	☐☐☐	☐☐☐

Je reconnais des lettres

3 Entoure les lettres *ain* ain AIN en bleu
et les lettres *ian* ian IAN en rouge.

PROCHAIN *souriant* triangle COPAIN

américain viande *refrain*

J'écris un mot

4 Écris le mot.

chacun

Je lis

5 Lis les syllabes.

tain	pain	faim	tein	pein	rein
t ain	p ain	f aim	t ein	p ein	r ein
fein	**cun**	**brun**	**tym**	**lyn**	**sym**
f ein	c un	br un	t ym	l yn	s ym

6 Lis les mots.

la main	le pain	un grain	un écrivain	vilain
j'ai faim	certain	la peinture	plein	éteindre
lundi	le parfum	aucun	chacun	un lynx

7 Lis les mots-outils.

tandis que maintenant

8 Lis le texte.

Lundi, Lola et Lucas font de la peinture.
Ils ont chacun leur méthode : Lucas utilise
un pinceau tandis que Lola peint avec les doigts.
Elle en a plein les mains !
« Maintenant, dit maman, je pense que mes deux
petits peintres vont aller prendre un bon bain ! »

Conseil • Revoir la leçon sur les lettres *in* et *im* (pages 60 et 61) pour revoir toutes les écritures du son « un ».

oin oin OIN

« oin »

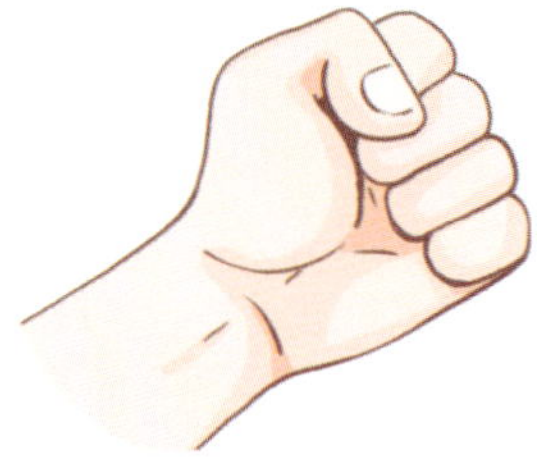

poing

Je reconnais un son

1 Colorie quand tu entends « oin » comme dans « poing ».

2 Coche la case si tu entends « oin » dans la syllabe correspondante.

rejoindre	lointain	pointure	recoin	besoin
☐☐☐	☐☐	☐☐☐	☐☐	☐☐

Je reconnais des lettres

3 Entoure les lettres oin oin OIN en bleu,
et les lettres ion ion ION en rouge.

goinfre TÉMOIN avion COIN-COIN

shampoing attention PORTION

J'écris un mot

4 Écris le mot.

besoin

Je lis

5 Lis les syllabes.

moin	loin	poin	coin
m oin	l oin	p oin	c oin
foin	soin	join	goin
f oin	s oin	j oin	g oin

6 Lis les mots.

un recoin   du shampoing   un témoin   pointu   il rejoint

un goinfre   des pointillés   lointain   du foin   coincé

7 Lis les mots-outils.

plus   très   et   trop

8 Lis le texte.

Les vacances ne sont plus très loin !
Lola décide de préparer sa valise.
Elle la pose dans un coin de sa chambre
et commence à la remplir.
Elle choisit ses vêtements avec soin.
« Tu n'as pas besoin de tout ça !
dit maman. Ta valise sera trop lourde.
Il faut en prendre moins ! »

Conseil • Rappeler la règle pour différencier les deux sons du « s » : *le soin/le besoin.*

ay oy uy

crayons

Je reconnais des sons

1 Relie chaque dessin au son que tu entends.

« ay » « oy » « uy »

Je reconnais des lettres

2 Entoure les lettres ay ay AY en bleu, oy oy OY en vert et uy uy UY en rouge.

joyeuse appuyer PAYER effrayer TUYAU

J'écris des mots

3 Complète les mots avec les lettres qui conviennent : ay – oy – uy.

bal.........er ab.........er ess.........er

4 Écris le mot.

crayon

Je lis

5 Lis les syllabes.

lay	pay	ray	moy	loy	
l ay	p ay	r ay	m oy	l oy	
toy	broy	croy	tuy	fuy	puy
t oy	br oy	cr oy	t uy	f uy	p uy

6 Lis les mots.

vous voyez — un noyer — une voyelle — envoyer — incroyable

une rayure — essayer — du gruyère — un tuyau — appuyer

7 Lis les mots-outils.

chez — comme — aussi — maintenant

8 Lis le texte.

Lola et Lucas sont tout joyeux : ils partent
en vacances chez papy et mamie.
Ils vont voyager en train.
Lola emporte des feuilles et des crayons,
ses poupées et un nombre incroyable de jeux.
« Vous voyez, comme ça, je ne vais pas m'ennuyer,
dit la petite fille.
– Tu peux aussi essayer de lire des livres maintenant, »
lui dit papa.

Conseil • Expliquer à l'enfant que *y* correspond à deux *i* : *crayon* se lit donc *crai-ion.*

sp squ sk sc st

« sp » « sk » « st »

skis

Je reconnais des sons

1 Colorie quand tu entends « sk » comme dans « skis ».

2 Relie chaque dessin au son que tu entends.

« st » « sp »

J'écris des mots

3 Complète chaque mot avec les lettres qui conviennent : sp – sc – st.

un ....ectacle   la sie.......e   un e.......argot

4 Écris le mot.

escargot

Je lis

5 **Lis les syllabes.**

sta	stu	sto	sty	spa	spo
st a	st u	st o	st y	sp a	sp o
spe	spi	sca	sco	scon	scu
sp e	sp i	sc a	sc o	sc on	sc u

6 **Lis les mots.**

un escargot — un escalier — un scorpion — un scarabée

un spectacle — le sport — splendide — un aspirateur

une statue — un stade — stupide — le stylo

7 **Lis les mots-outils.**

et — près de — puis — mais

8 **Lis le texte.**

Papy, mamie, Lola et Lucas vont assister à un spectacle de magie.
C'est un homme déguisé en squelette qui les installe
à leur place.
Lola passe près d'une statue… qui se met à bouger !
La petite fille pousse un cri effrayé puis elle comprend :
« Je suis stupide, ce n'est pas une statue mais
un homme transformé en sculpture ! »

Conseil • Bien décomposer les sons : *ssssp, sssst, ssssssk*.

x x X

« ks » « gz » « s » « z »

taxi

Je reconnais des sons

1 Colorie quand tu entends « ks » comme dans « taxi ».

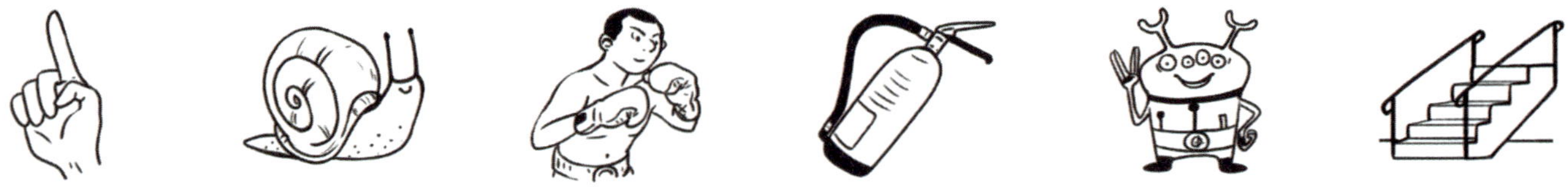

2 Entoure si tu entends « gz » comme dans « exemple ».

un examen   exagérer   excellent   réflexe

examiner   exercice   exotique

Je reconnais une lettre

3 Entoure la lettre x x X quand tu la vois.

XAVIER   Félix   exprès

deuxième   index   EXCUSE

J'écris une lettre

4 Trace la lettre x.

x x   x

Je lis

5 Lis les syllabes.

xa	xi	xo	ax	ex
x a	x i	x o	a x	e x
ox	xu	ux	ix	
o x	x u	u x	i x	

6 Lis les mots.

un taxi	la boxe	un texte	excellent	une excuse
exprès	examiner	un exercice	exister	exact
exagérer	dix	deuxième	six	Félix

7 Lis le texte.

Le spectacle est terminé. Papy appelle
un taxi pour rentrer à la maison.
« Demain, il faudra se lever tôt.
Nous irons faire une excursion, explique-t-il.
Debout à six heures !
– Six heures ! s'exclame Lucas.
Ce n'est pas un peu exagéré ?
– Non, il faut marcher tôt le matin.
Dès onze heures, il fera trop chaud. »

Conseil • Expliquer que parfois, en fin de mot, la lettre *x* ne s'entend pas (*faux*, *la voix*).

gn gn GN

montagne

Je reconnais un son

1 Entoure l'intrus dans lequel tu n'entends pas « gn » comme dans « montagne ».

2 Coche la case si tu entends « gn » dans la syllabe correspondante.

baignoire	campagne	magnifique	signature	grignoter
☐☐☐	☐☐☐	☐☐☐☐	☐☐☐☐	☐☐☐

Je reconnais des lettres

3 Entoure les lettres gn gn GN quand tu les vois.

AGNÈS grognon chignon GAGNANT compagnon

J'écris un mot

4 Écris le mot.

montagne

Je lis

5 Lis les syllabes.

gna	gno	gne	gnu	gneau
gn a	gn o	gn e	gn u	gn eau
gnon	gnoi	gnal	gnol	
gn on	gn oi	gn al	gn ol	

6 Lis les mots.

un champignon	la montagne	un signe	un peigne
une baignoire	mignon	une araignée	magnifique
la campagne	gagner	un agneau	soigner
une égratignure	une ligne	cogner	une cigogne

7 Lis le texte.

Lucas est grognon. Il a dû se lever très tôt !
Mais, très vite, sa bonne humeur revient.
La journée est magnifique et il a hâte
de marcher en montagne !
Au signal de papy, les deux enfants sont
prêts à partir.
Mamie ne les accompagne pas.
Elle les regarde s'éloigner par la fenêtre.

Conseil • Expliquer à l'enfant que le son « gn » peut aussi s'écrire *ni* (*panier*).

ef euf
if œuf
oif ouf

« èf » « euf »
« if » « ouf »
« oif »

œuf

Je reconnais des sons

1 Trouve un mot pour chaque son et dessine-les.

« ef » « euf » « if »

J'écris des mots

2 Complète les mots avec les lettres qui conviennent : ef - if - ouf.

Pl......... ! le reli......... un mot.........

un mass......... un ....fort un sport.........

3 Écris le mot.

soif

Je lis

4 Lis les syllabes.

chef	bref	neuf	bœuf	nif	
ch ef	br ef	n euf	b œuf	n if	
naf	nouf	coif	soif	pouf	souf
n af	n ouf	c oif	s oif	p ouf	s ouf

5 Lis les mots.

un sportif	un motif	neuf	un canif	un massif
le chef	le relief	la soif	le coiffeur	un effort
un bœuf	un œuf	actif	plouf	bref

6 Lis le texte.

Lola, Lucas et papy sont sur un sentier de montagne. La montée est rude, heureusement les deux enfants sont sportifs !

« Encore un effort et nous ferons une pause, dit papy.

– Ouf ! s'exclame Lola lorsqu'ils s'arrêtent enfin.

Je commence à avoir faim et soif ! »

Papy lui tend une gourde d'eau, un œuf dur et coupe une pomme en petits morceaux avec son canif.

« Ce soir, j'écrirai à papa et maman pour leur raconter tout ce que nous faisons ! » dit Lucas.

Conseil • Faire remarquer à l'enfant l'écriture particulière des mots *œuf* et *bœuf*.

Révisions

Je lis tout seul !

Lucas a acheté une jolie carte postale et il écrit à ses parents.

Grenoble, le 15 juillet

Chers papa et maman,
Lola et moi nous amusons
beaucoup chez papy et mamie !
Nous sommes allés au cinéma,
voir un spectacle, faire une
randonnée en montagne et nous
baigner dans un lac !
Il fait très beau mais lundi,
il y a eu un gros orage.
Vous nous rejoignez quand ?
Faites un gros câlin à Patty
de ma part !
Plein de bisous,
Lucas

Monsieur et Madame Mouret
7, avenue des Cigognes
62170 Montreuil

Activités de compréhension

1 Entoure le nom de famille de Lucas et Lola.

Moiret Monret Mouret Moret

2 Colorie les endroits où sont allés Lucas et Lola.

3 Écris *vrai* ou *faux* après chaque phrase.

Il a fait beau tous les jours. ....

Patty est resté à la maison. ....

Papa et maman vont venir chez papy et mamie. ....

4 Remets les lettres dans l'ordre et écris le nom de la ville où habitent papy et mamie.

BELERGON ....

5 Écris ton prénom, ton nom et ton adresse, comme si tu écrivais sur une enveloppe.

....

....

....

....

Liste des mots-outils

Ces mots doivent être revus régulièrement afin que l'enfant les mémorise.

un	une	des	les
au	aux	et	est
c'est	avec	sur	par
pour	près	de	dans
très	trop	chez	sous
sur	mais	aujourd'hui	demain
hier	autour	comme	bien
ça	maintenant	aussi	aussitôt
puis	même	plus	moins
à côté	alors	tout à coup	quand
ainsi	soudain	presque	toujours
derrière	peut-être	ensuite	bientôt
comment	encore	voilà	d'accord
dehors	lorsque	puisque	tandis que

Modèles d'écriture

a a A

b b B

c c C

d d D

e e E

f f F

g g G

h h H

i i I

j j J

k k K

l l L

m m M

n n N

o o O

p p P

q q Q

r r R

s s S

t t T

u u U

v v V

w w W

x x X

y y Y

z z Z

Édition : Claire Tréboute – **Création graphique :** Muriel Ouziane – **Illustrations de couverture et intérieures :** Ariane Delrieu – **Crédits photographiques :** Adobe Stock, sauf page 68 : *Le Sapin de Noël de Lulu* de Daniel Picouly, illustrations : Frédéric Pillot, © éditions Magnard Jeunesse 2016 ; *Un Noël dans les étoiles* de Jeanne Boyer, illustrations : Marie Paruit, © éditions Magnard Jeunesse 2017 ; *Noé et Azote – Coup de froid !* de Mim et Benoit Bajon, illustrations : Aurélie Guillerey, © éditions Magnard Jeunesse 2015 – **Mise en pages :** Patrick Leleux PAO

Achevé d'imprimer en avril 2018
par «La Tipografica Varese Srl» en Italie
N° éditeur : 2017-1150 – Dépôt légal : Mai 2018